Dieses Buch gehört zu:

____

____

____

____

8
5
7
6
4
3
11
12
10
9
2
1

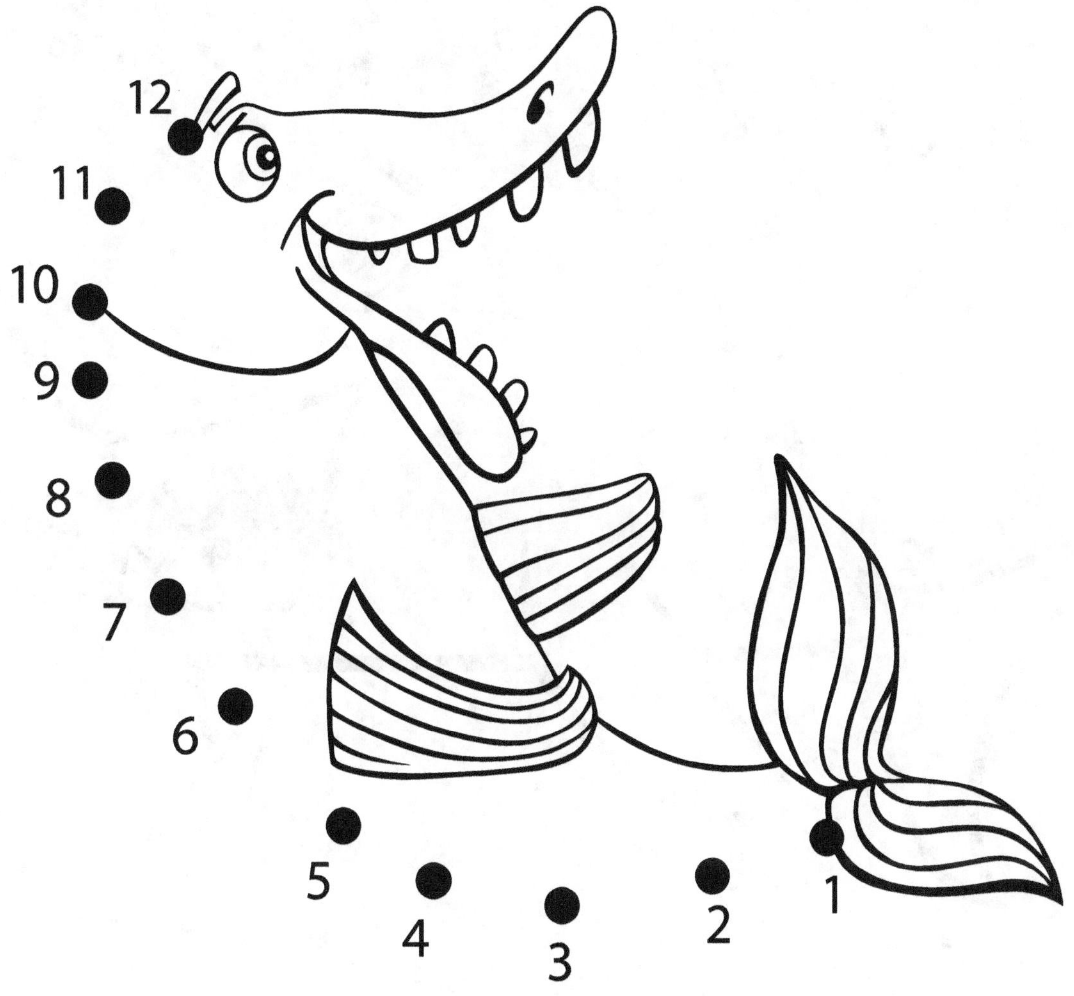

12
11
10
9
8
7
6
5
4
3
2
1

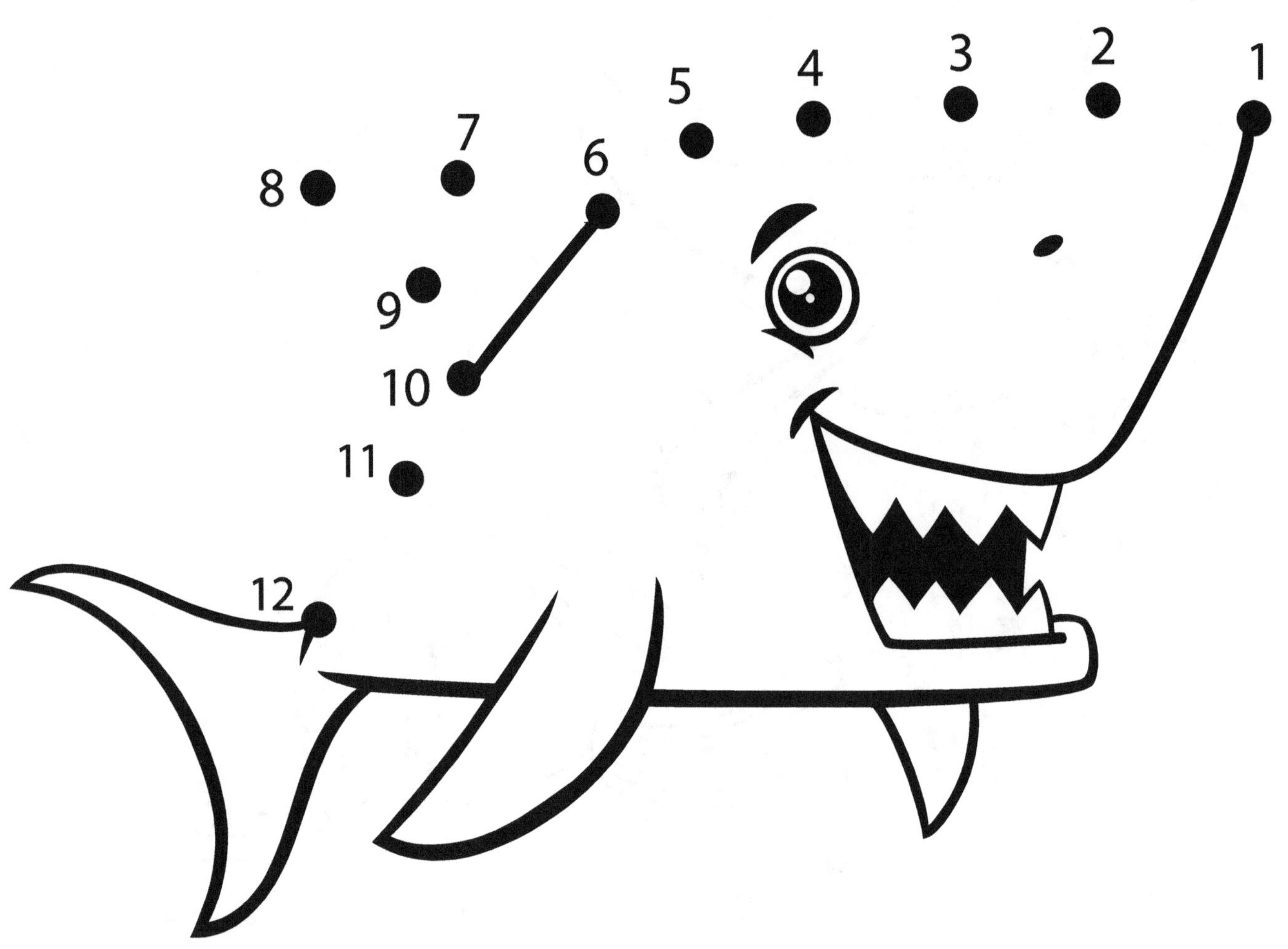

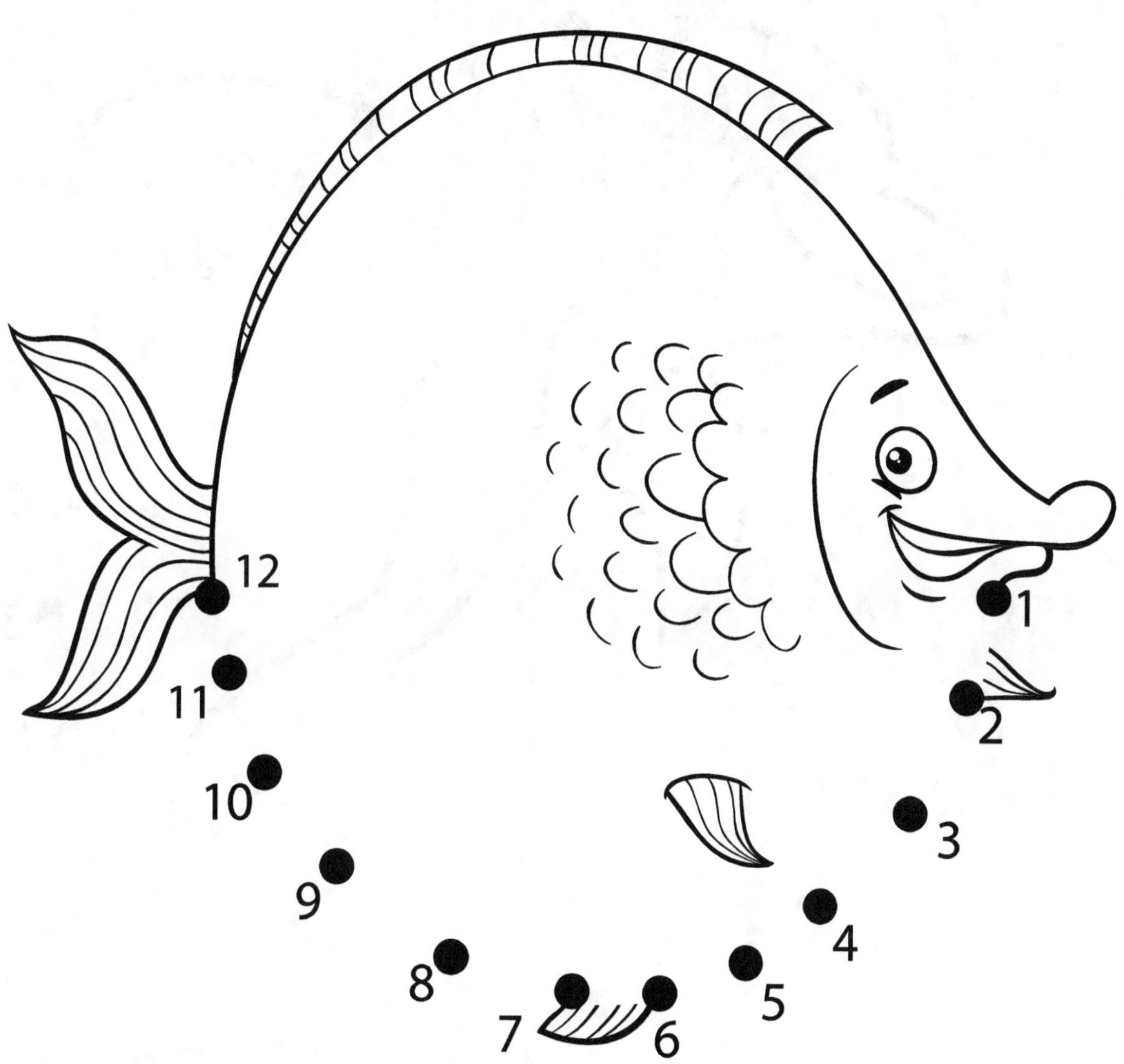

12
11
10
9
8
7
6
5
4
3
2
1

12
11
10
9
8
7
6
5
4
3
2
1

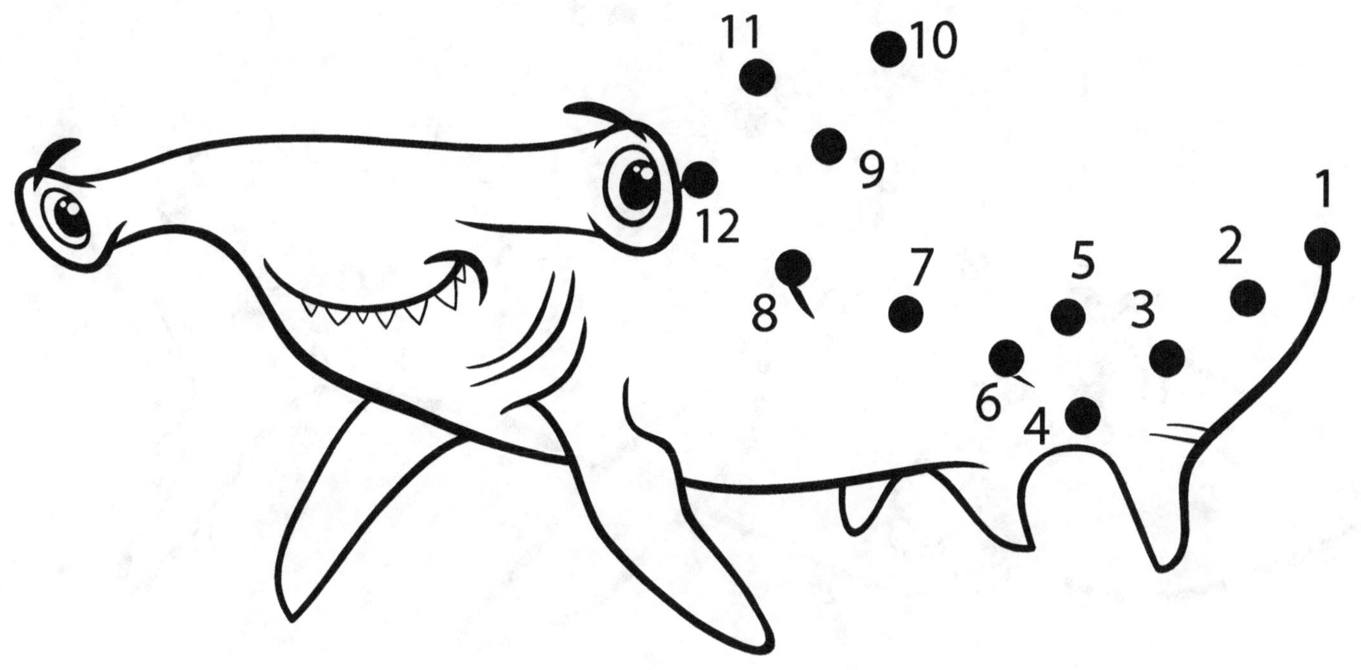

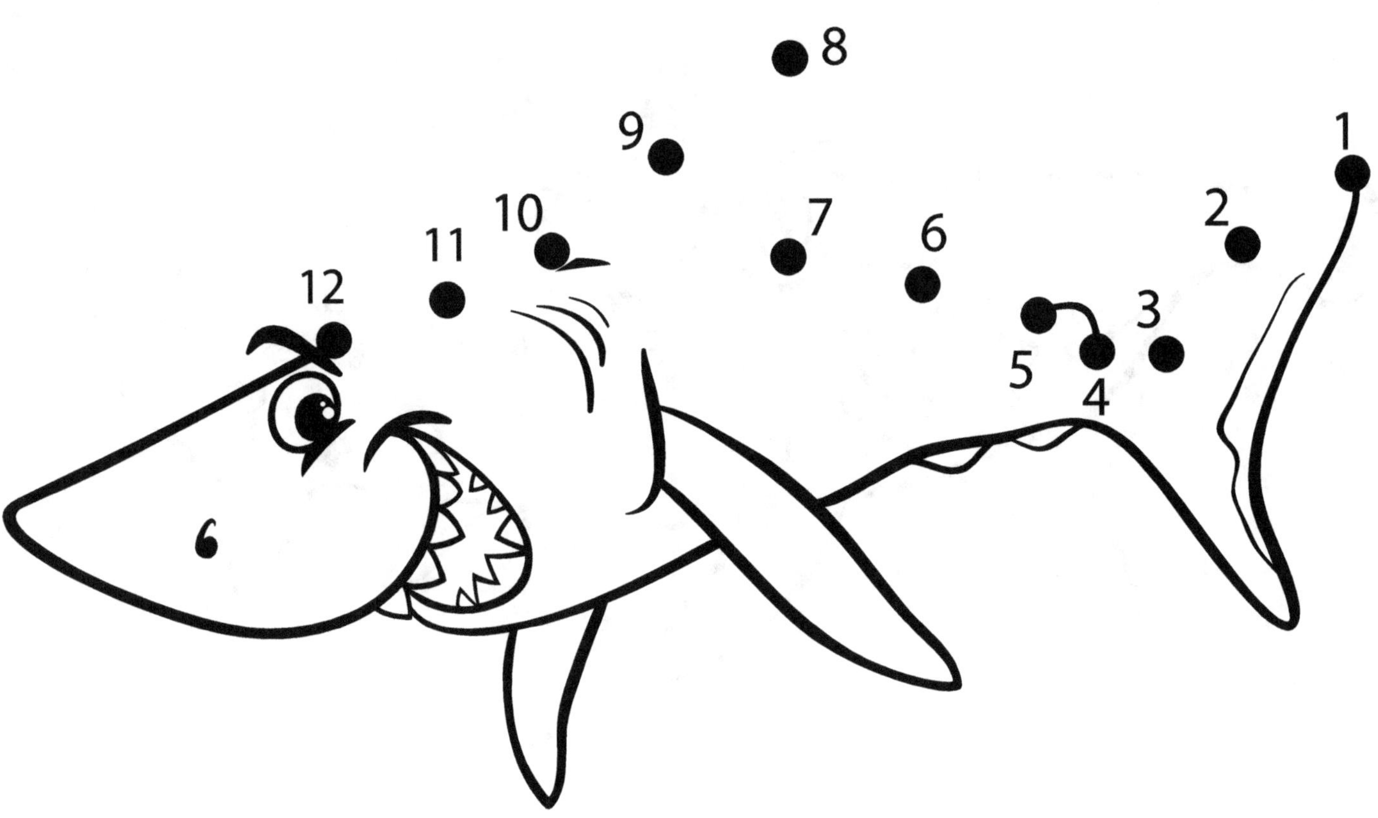

1
2
3
4
5
6
7
8
9
10
11
12

2
1
3
12
11
4
9
10
5
8
7
6

1
2
3
4
5
6
7
8
9
10
11
12

1
2
3
4
5
6
7
8
9
10
11
12

1
2
3
4
5
6
7
8
9
10
11
12

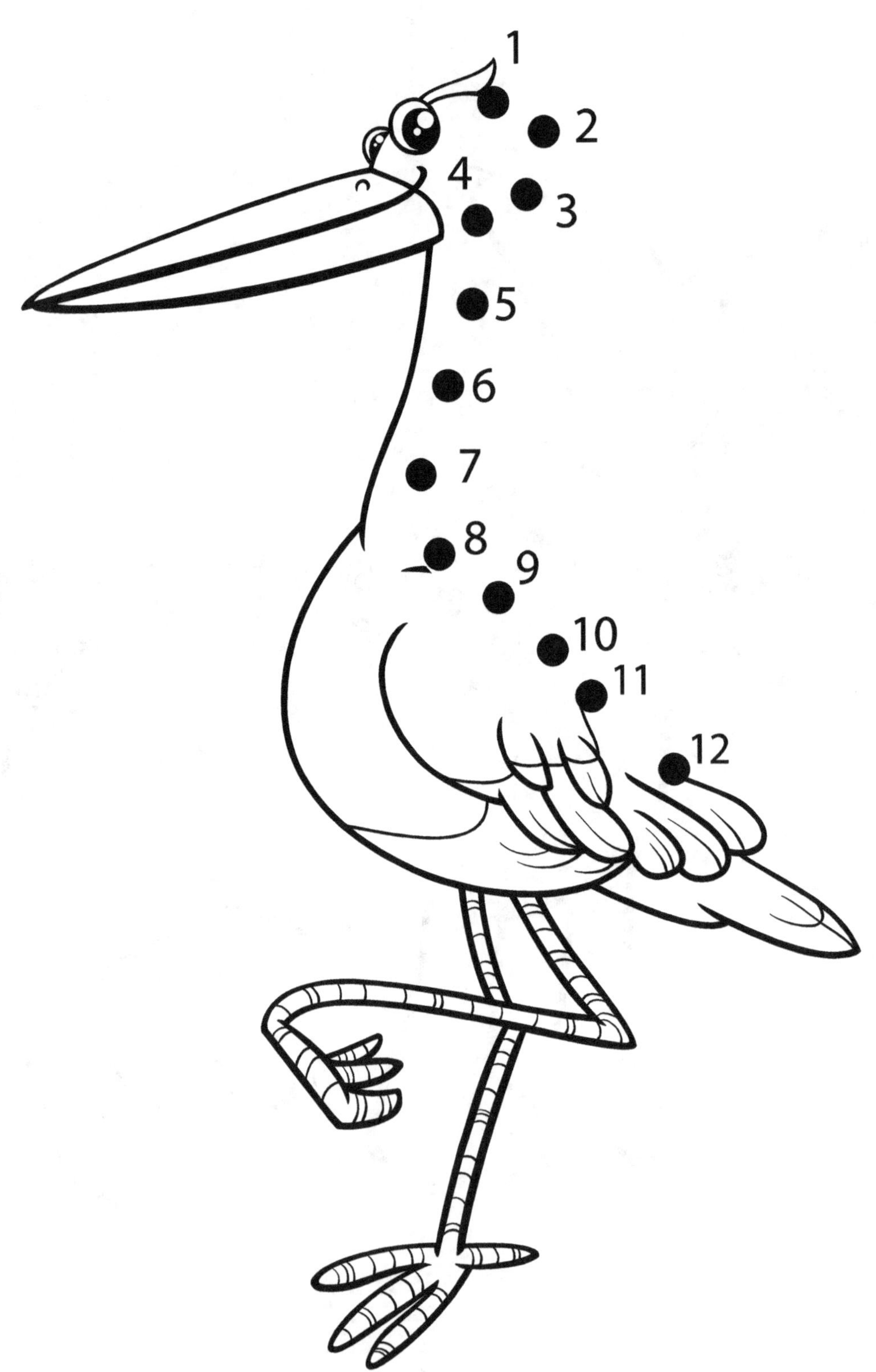

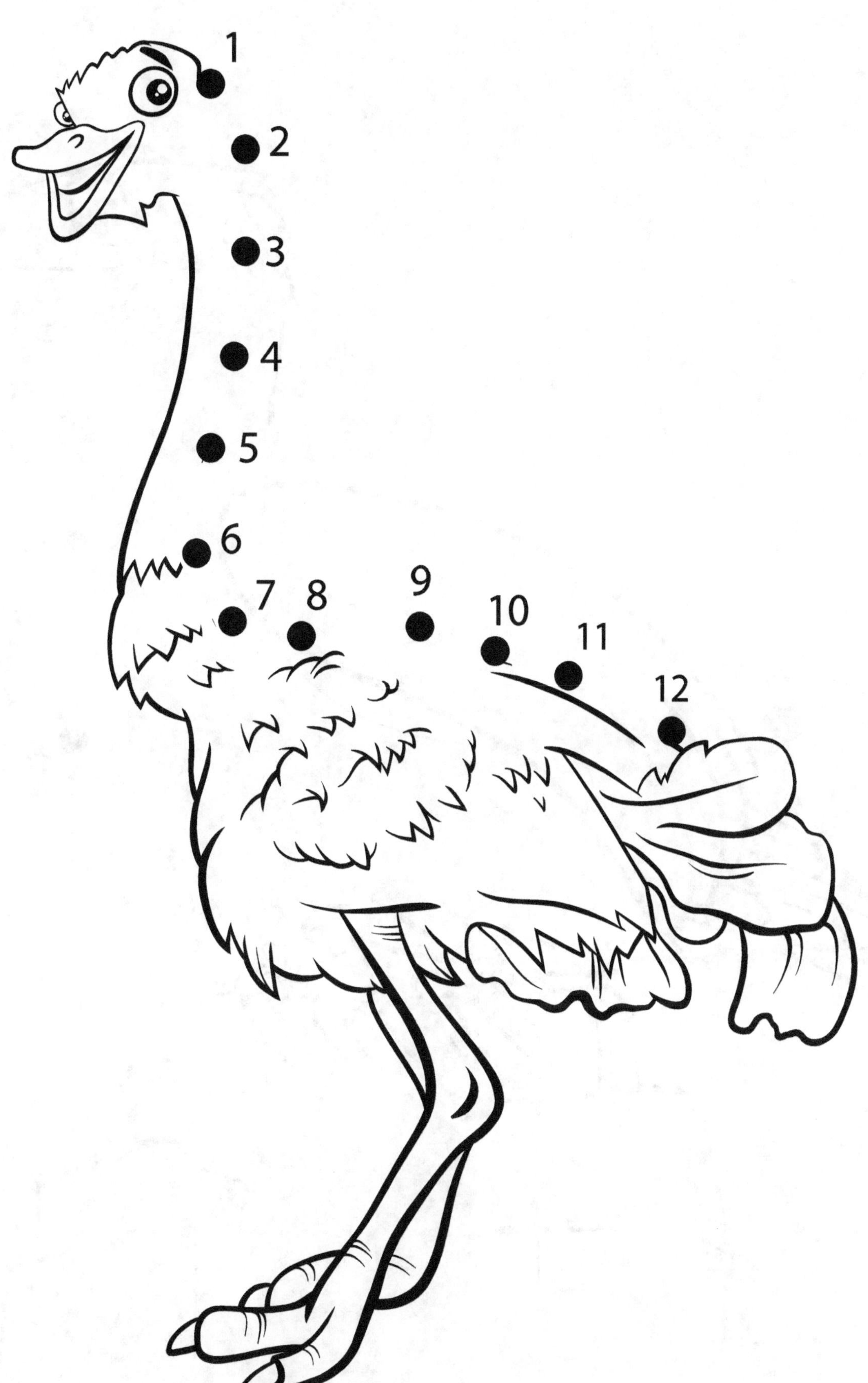

1
2
3
4
5
6
7
8
9
10
11
12

1
2
3
4
5
6
7
8
9
10
11
12

1
2
3
4
5
6
7
8
9
10
11
12

1
2
3
4
5
6
7
8
9
10
11
12

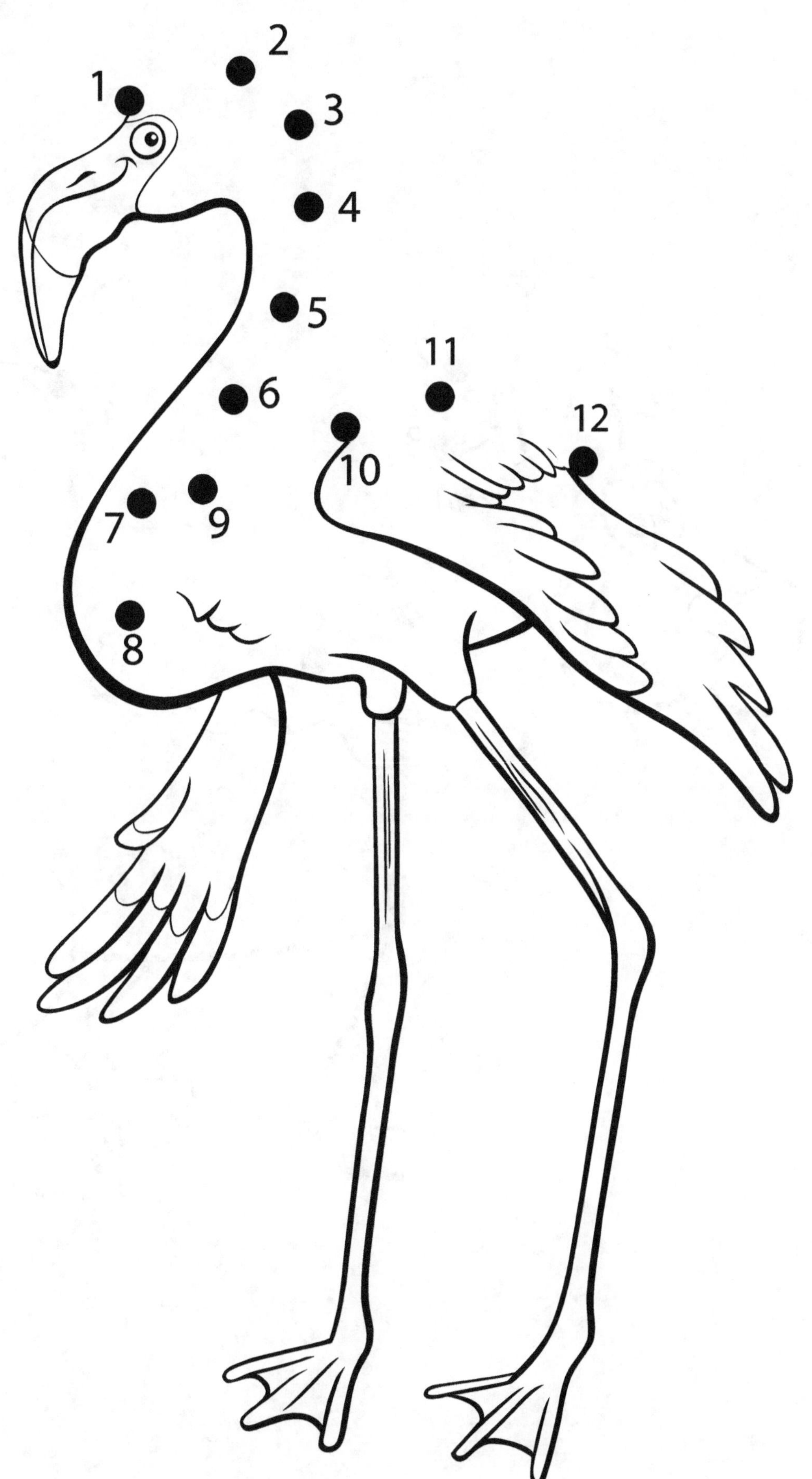

1
2
3
4
5
6
7
8
9
10
11
12

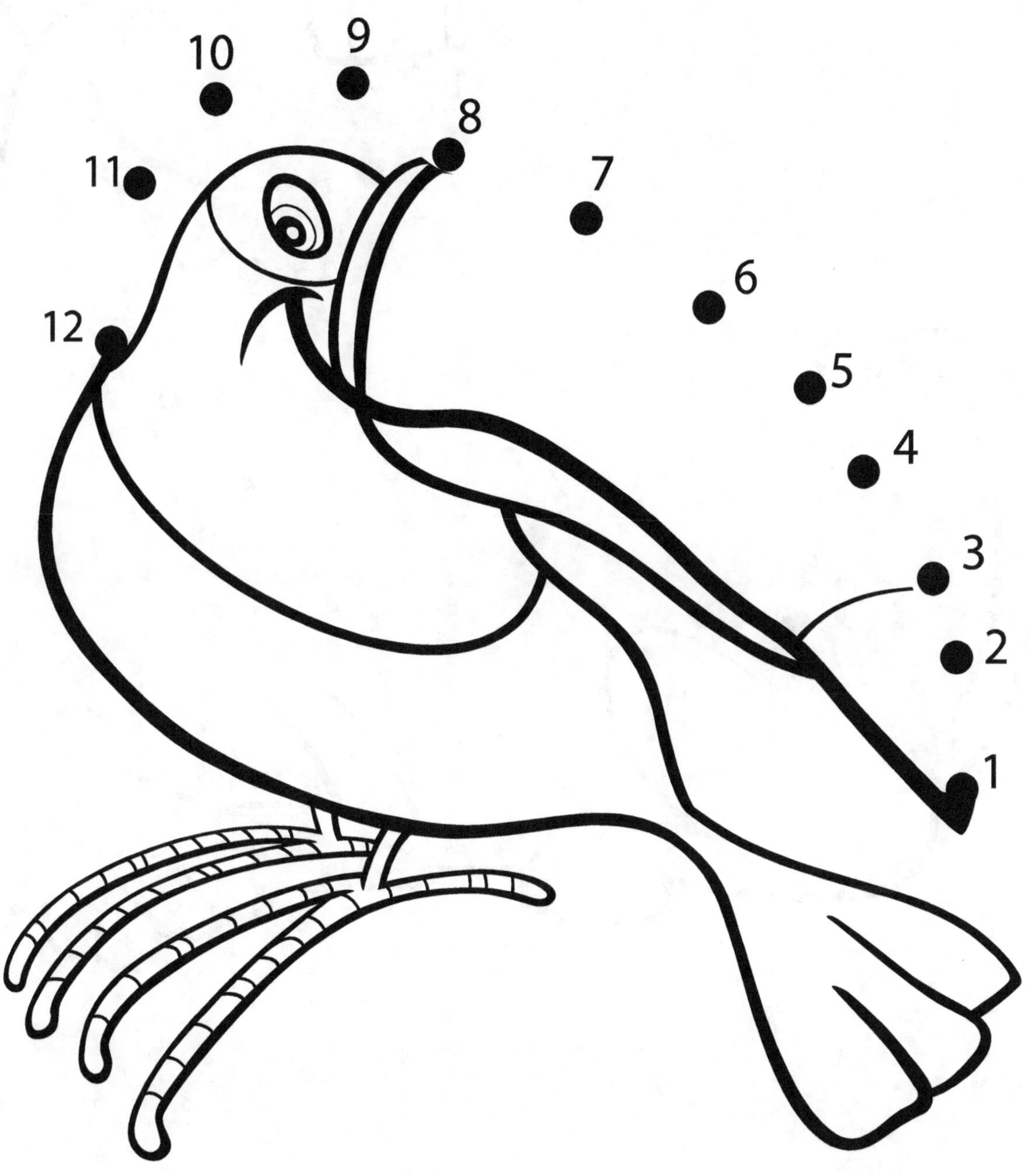

10
9
8
11
7
6
5
4
12
3
2
1

1
2
3
4
5
6
7
8
9
10

1
2
3
4
5
6
7
8
9
10

1
2
3
4
5
6
7
8
9
10

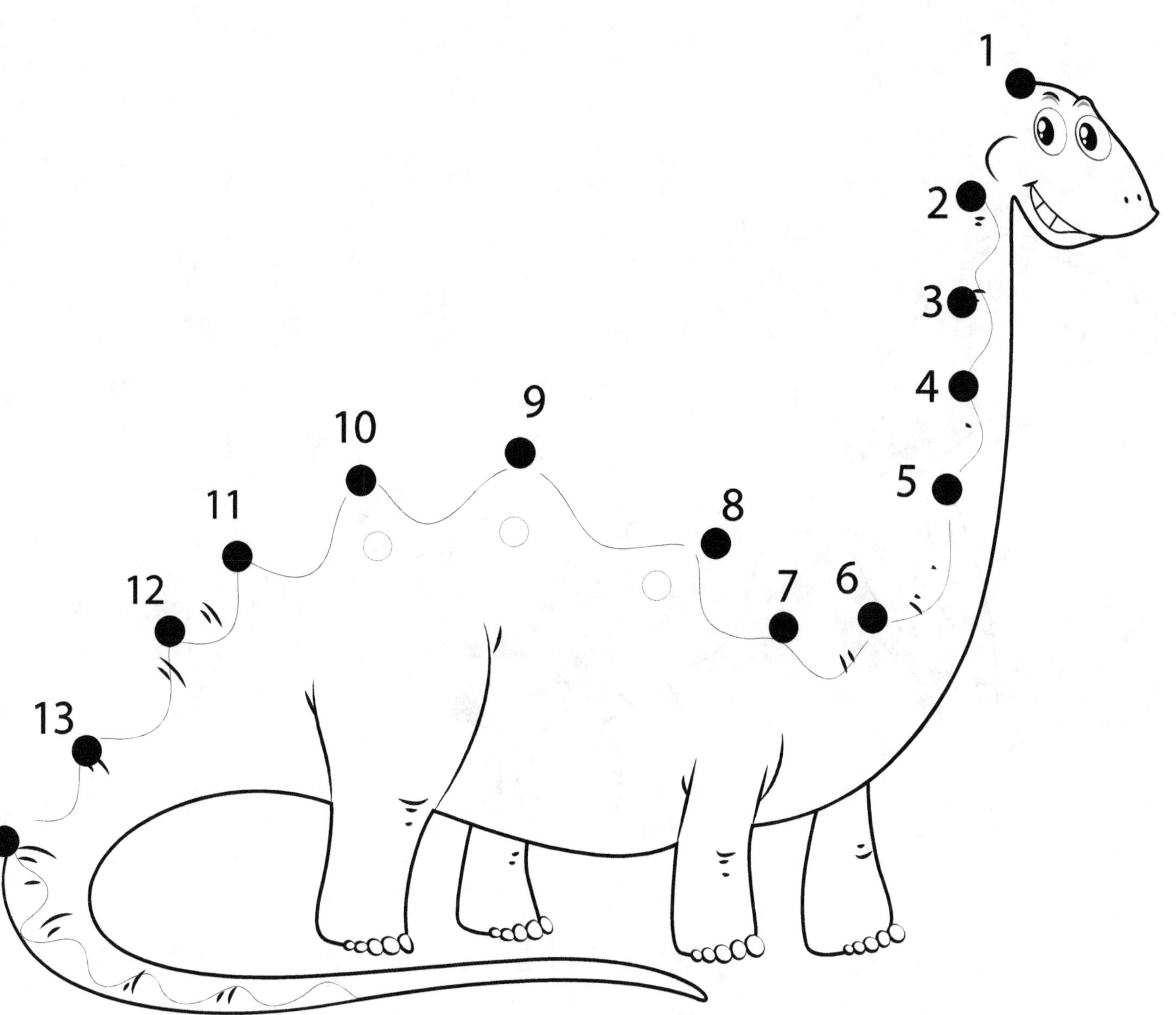

1
2
3
4
5
6
7
8
9
10
11
12
13

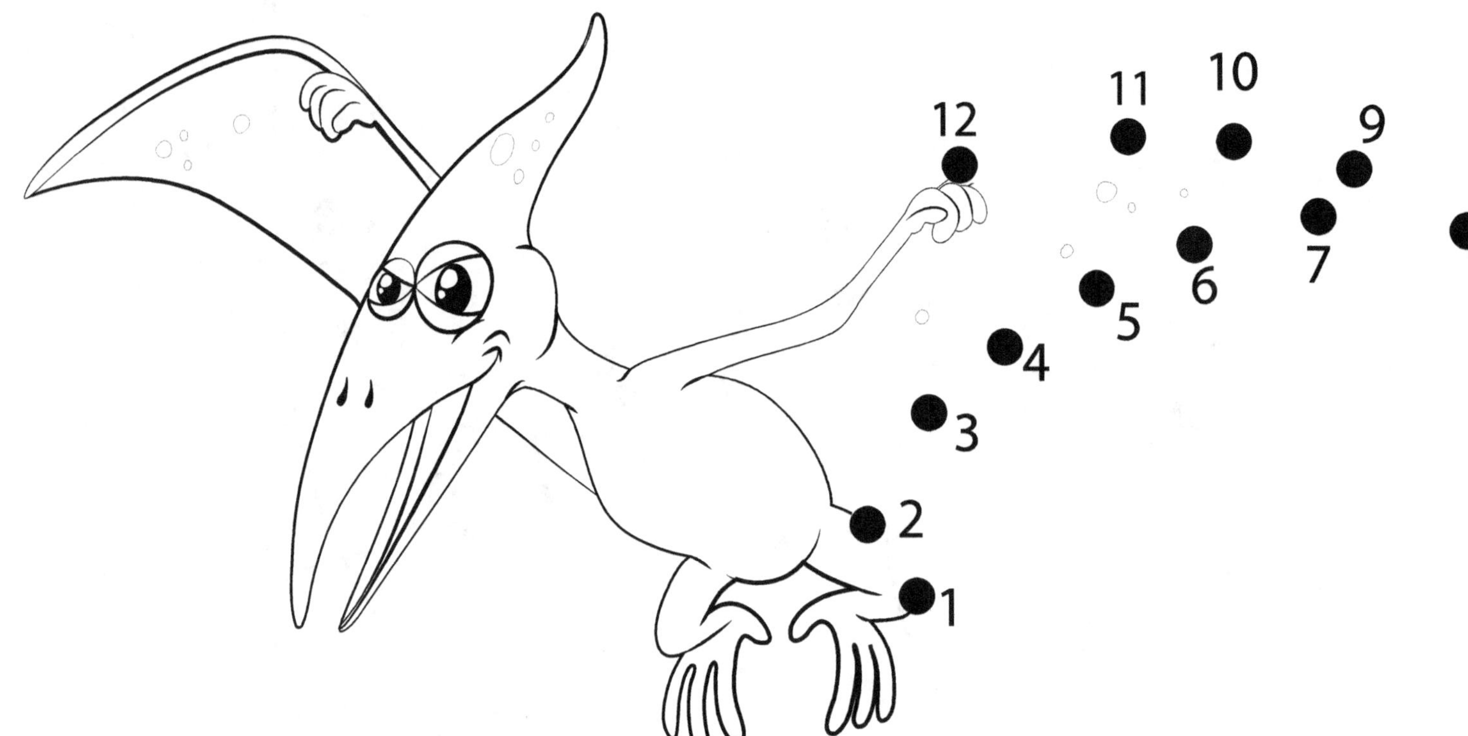

12
11
10
9
8
7
6
5
4
3
2
1

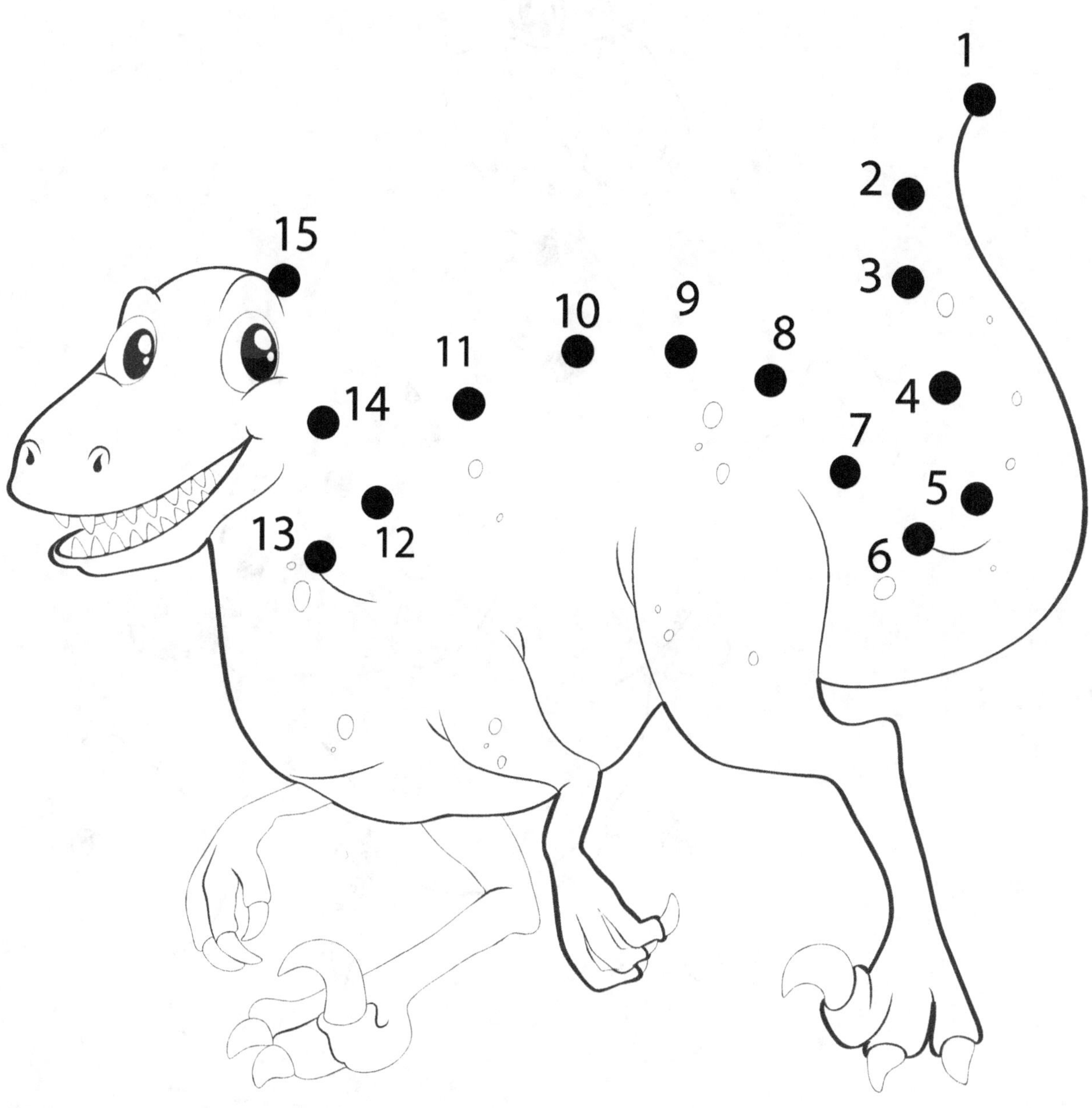

1
2
3
15
10
9
8
11
14
4
7
13
12
5
6

1
2
3
4
5
6
7
8
9
10
11
12

12
11
10
9
8
7
6
5
4
3
2
1

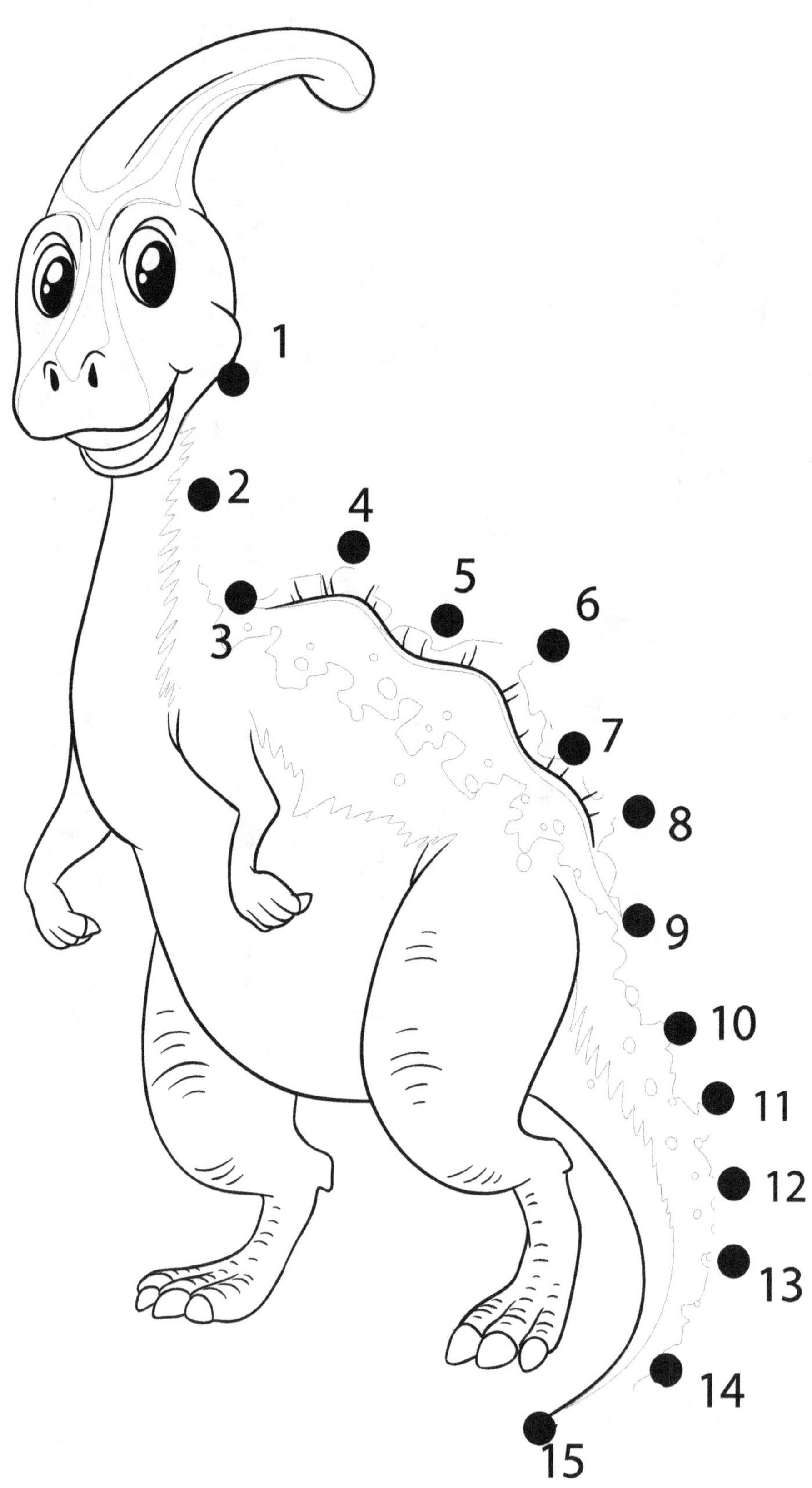

1
2
3
4
5
6
7
8
9
10
11
12
13
14
15

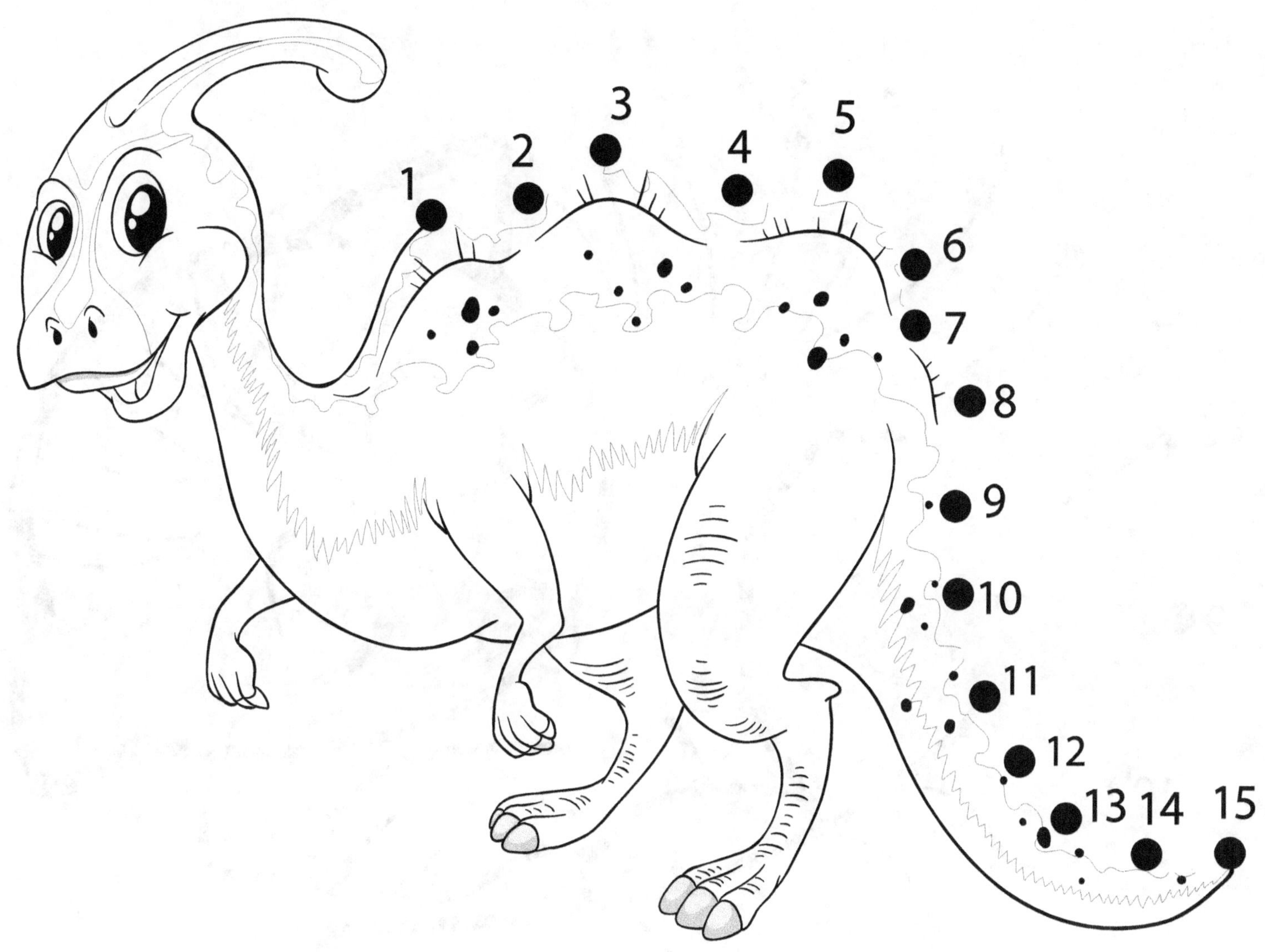

1
2
3
4
5
6
7
8
9
10
11
12
13 14 15

4
3
2
5
1
6
7
8
9
10
11
12
13
14
15

A
1
2
3
4
5
6
7
8
9
10
11
12
13
14

1
2
3
4
5
6
7
8
9
10
11
12
13
14
15

1
2
3
4
5
6
7
8
9
10
11
12
13
14
15

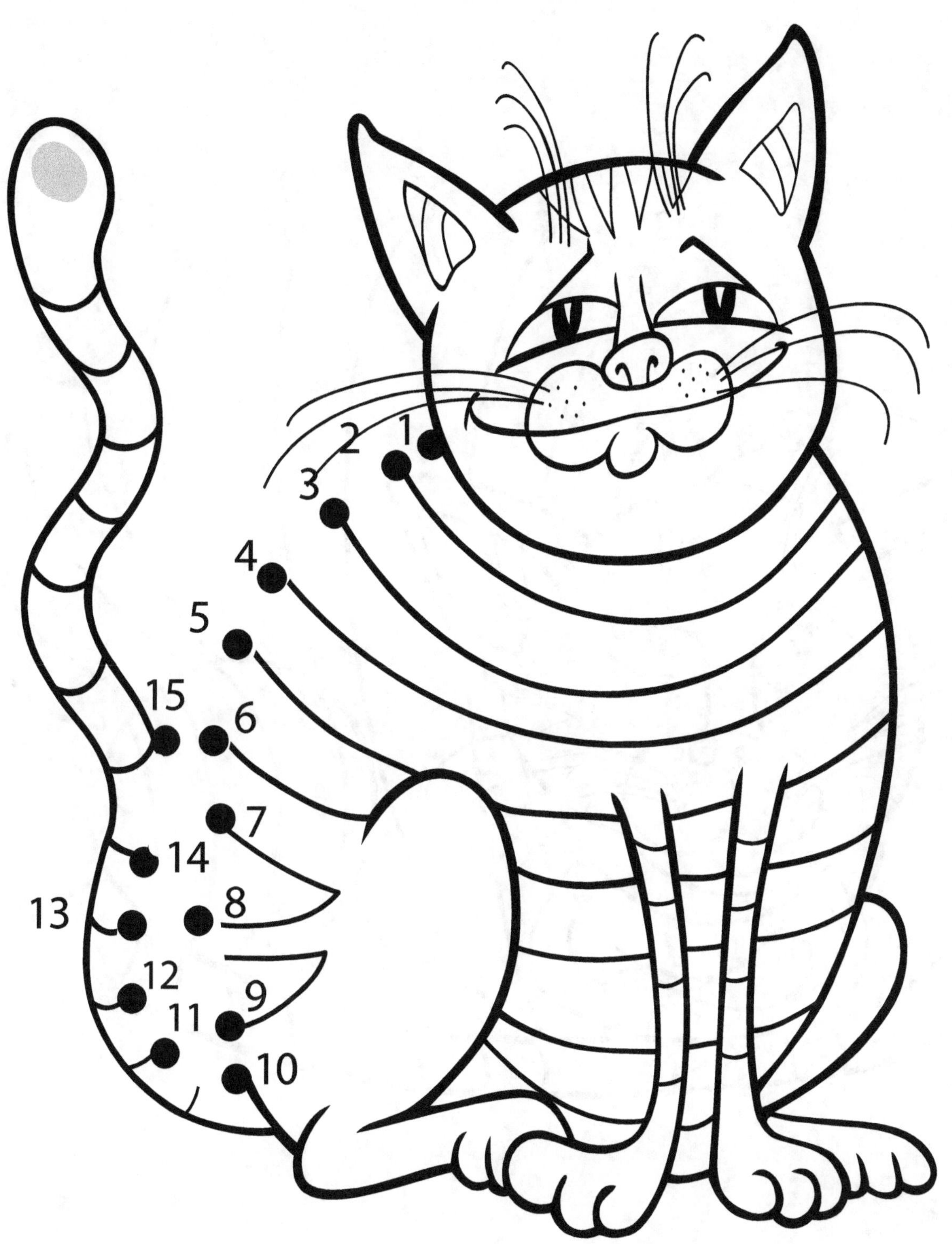

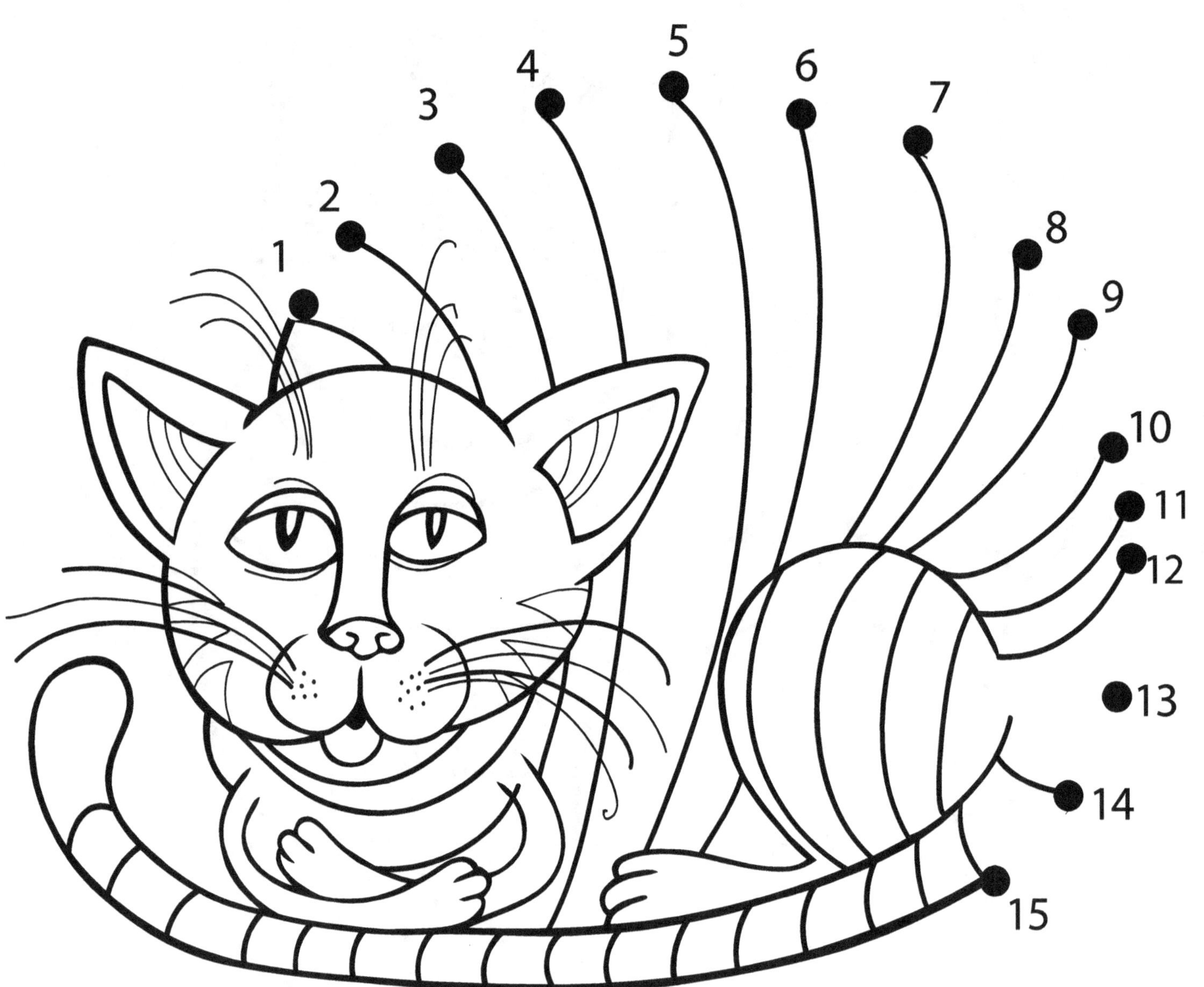

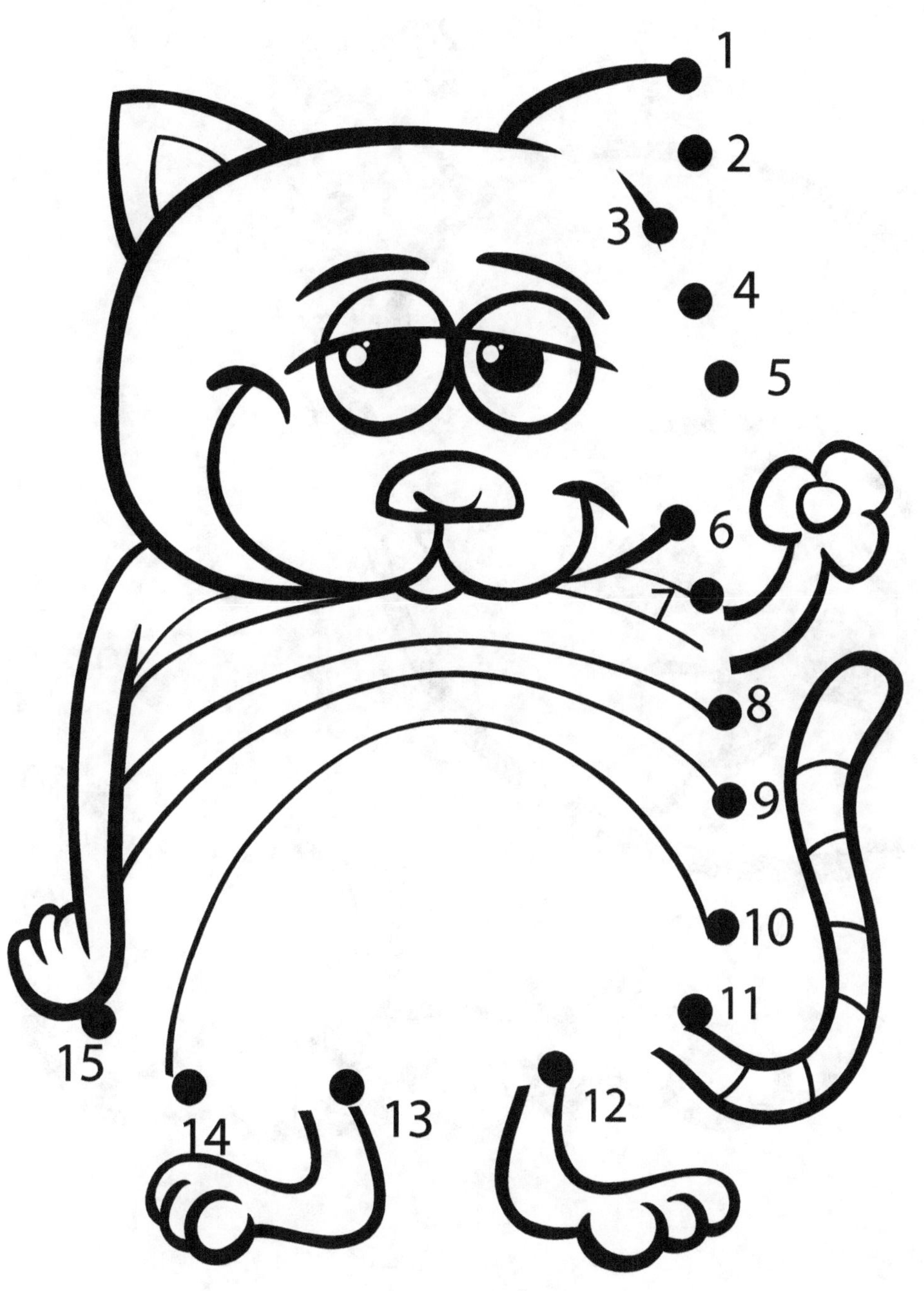

1
2
3
4
5
6
7
8
9
10
11
12
13
14
15

1
2
3
4
5
6
7
8
9
10
11
12
13
14
15

1
2
3
4
5
6
7
8
9
10
11
12
13
14
15

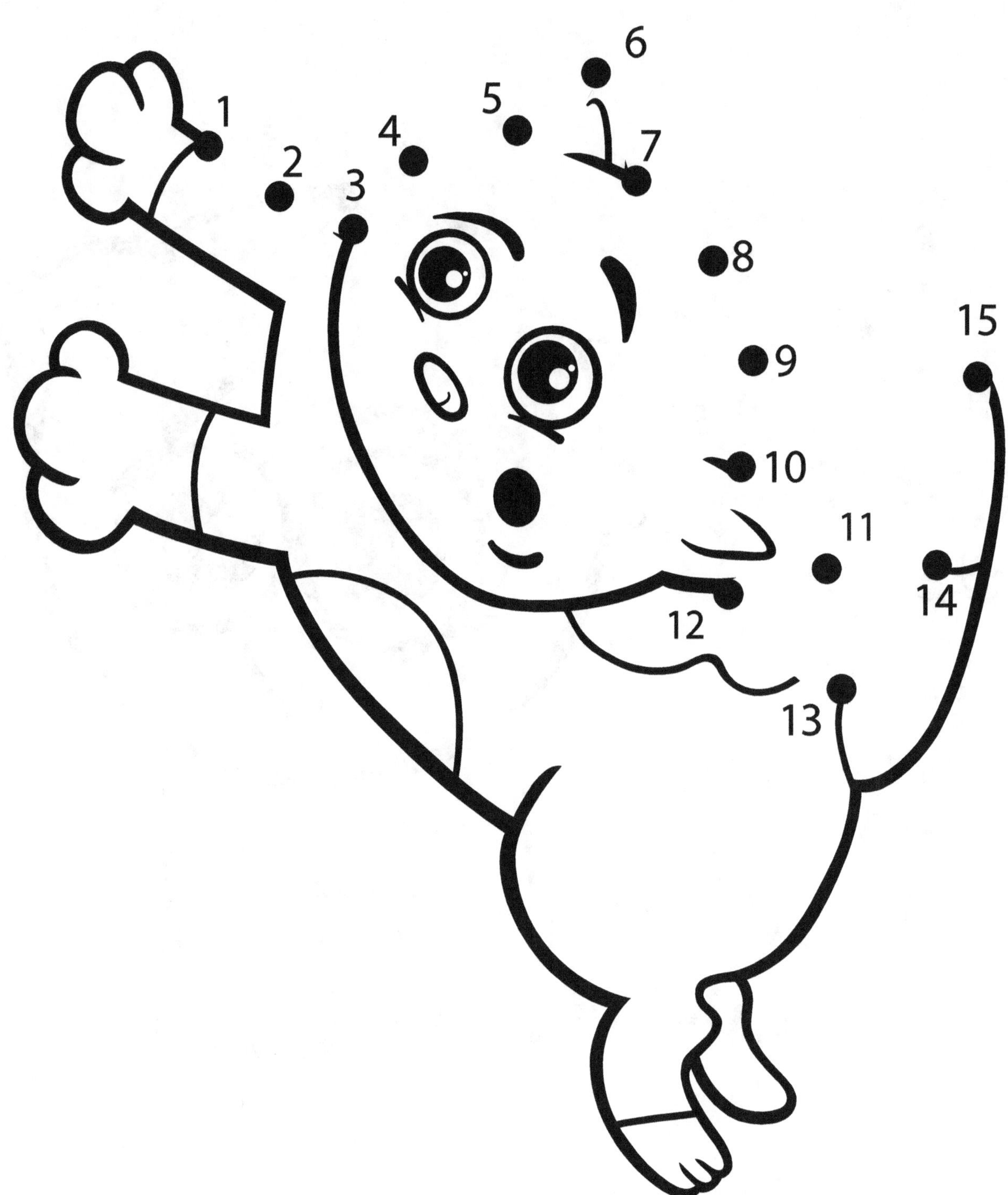

6
7
8
9
10
11
12
13
5
14
4
15
3
2
1

1
2
3
4
5
6
7
8
9
10

1
2
3
4
5
6
7
8
9
10

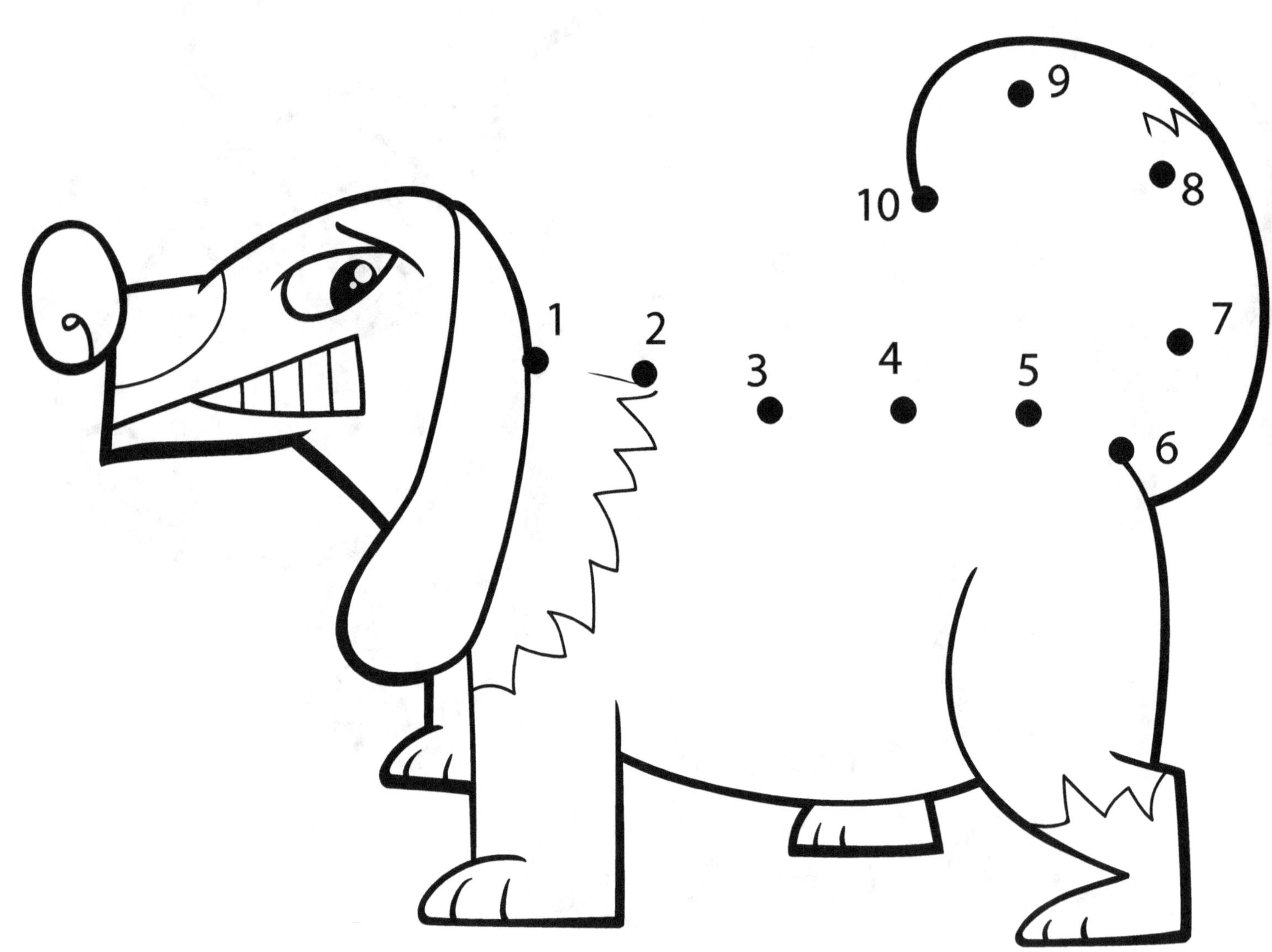

1
2
3
4
5
6
7
8
9
10

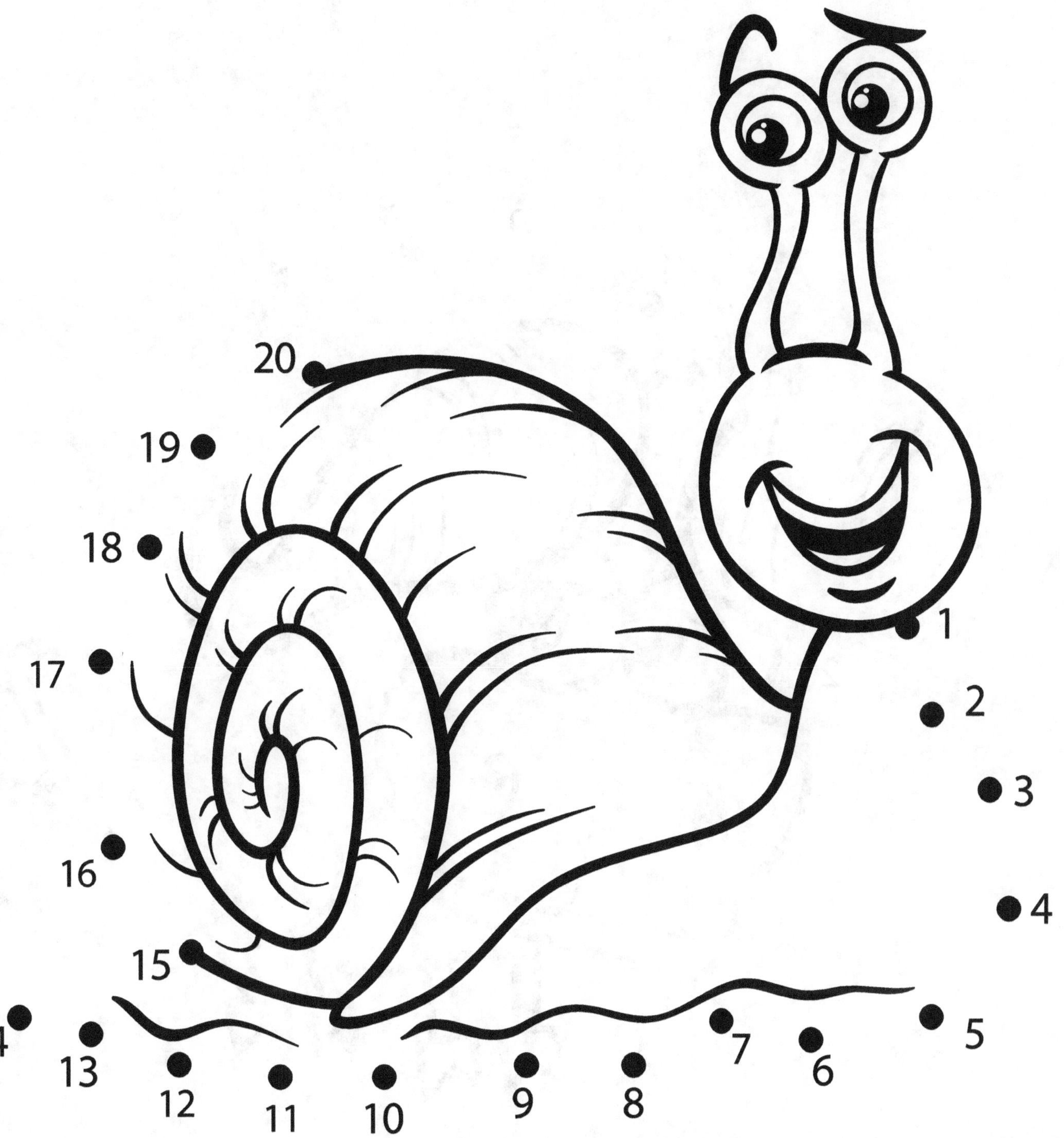

20
19
18
17
16
15
1
2
3
4
4
13
12
11
10
9
8
7
6
5

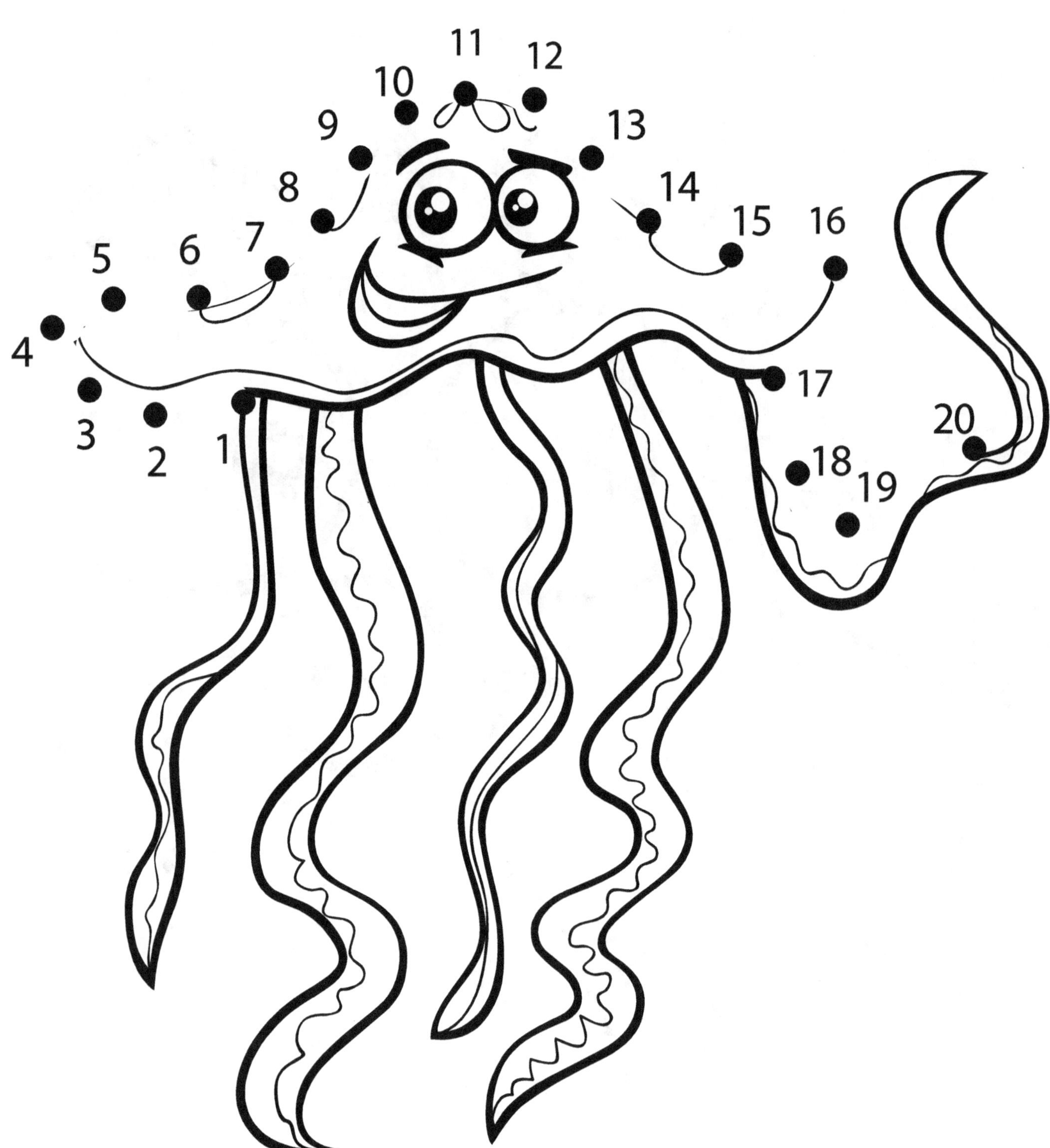

1
2
3
4
5
6
7
8
9
10
11
12
13
14
15
16
17
18
19
20

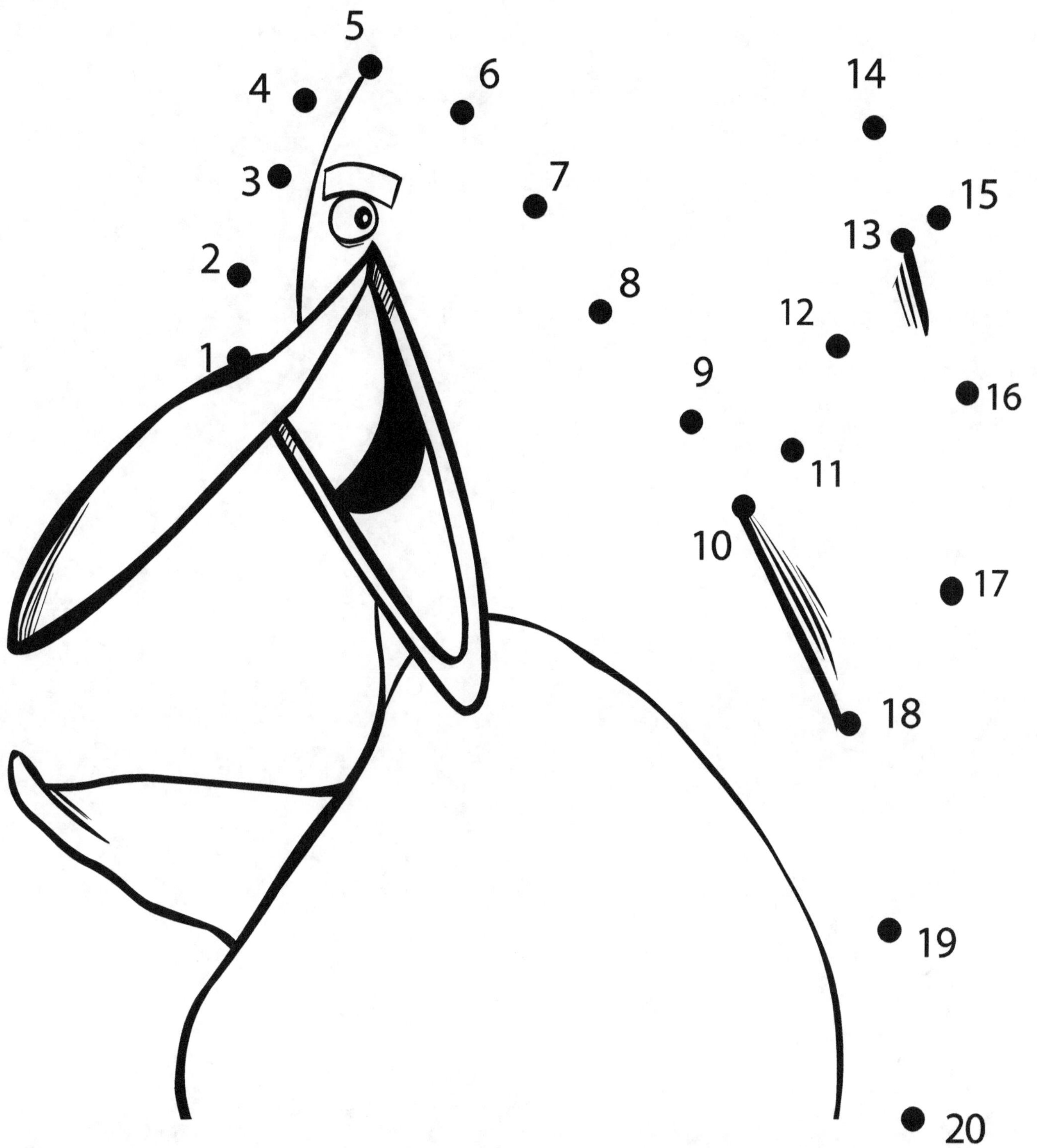